AF267819

8° Yth
4924

LES DEUX MAGOTS

DE

LA CHINE,

COMÉDIE

EN UN ACTE, MÊLÉE DE COUPLETS,

Par M. SEWRIN.

REPRÉSENTÉE POUR LA PREMIÈRE FOIS, A PARIS, SUR LE THÉATRE DES VARIÉTÉS, LE 12 JANVIER 1813.

Prix : 1 fr. 25 c.

A PARIS,

Chez BARBA, libraire, Palais-Royal, derrière le Théâtre-Français, n° 51.

IMPRIMERIE DE CHAIGNIEAU AÎNÉ.

1813.

PERSONNAGES.   ACTEURS.

TCHITT-CHITT-CHAO , Chinois ,
de Pékin , vieux et très-riche.   M. BRUNET.

TANG-OUT-SUNG , Chinois , de
Nankin , aussi vieux et aussi riche.   M. POTIER.

FOKIEN , pauvre lettré.   M. BOSQUIER-
GAVAUDAN.

NING-HIA , sa fille.   Mlle PAULINE.

TORILLOS , aubergiste portugais, établi dans un des faubourgs de Canton.
Il a pour enseigne : *A la Fortune.*   M. CAZOT.

FRANTZ , aubergiste allemand, établi
en face de Torillos. Il a pour enseigne : *A la Bonne Foi.*   M. DUBOIS.

GARÇONS de l'auberge de Torillos , habillés à la por-
tugaise.

GARÇONS de l'auberge de Frantz , habillés à l'allemande.

SUITE de Tchitt-Chitt-Chao.

SUITE de Tang-Out-Sung.

La scène se passe dans un des faubourgs de Canton,
en Chine.

LES DEUX MAGOTS

DE

LA CHINE.

COMÉDIE.

Le théâtre représente une place. Dans le fond, la rivière du Tigre. A droite de la place est l'auberge de Torillos; à gauche, en face, celle de Frantz. Après quelques mesures de l'ouverture, le rideau se lève. On voit passer sur la rivière des petites barques chinoises avec des voiles faites de bambous.

SCÈNE PREMIÈRE.

FRANTZ, *assis sur la porte de son auberge et fumant,* TORILLOS, *sortant de sa maison.*

TORILLOS, *allant vers le fond et appelant ses garçons.*

Oh ! hé !... Pédro !.. Gusman !.. Carlo !... Où sont-ils ces coquins-là !.. Pédro !.. Gusman !.. Carlo !....

LES TROIS GARÇONS, *accourant les uns après les autres.*

.Nous voici, monsieur Torillos.

TORILLOS.

Monsieur Torillos !.. D'où venez-vous?

PÉDRO.

Nous étions là-bas à regarder un homme qui chante.

TORILLOS.

Un homme qui chante ! La belle merveille !

GUSMAN.

Avec une jeune fille.

TORILLOS, *lui tirant l'oreille.*

Ah ! c'est la jeune fille que vous regardiez, et vous laissez là l'auberge, quand à chaque minute il me vient du monde.

LES TROIS GARÇONS.

Du monde !

TORILLOS.

Oui.

AIR : *Voyez la belle risée.* (D'Une Soirée de Carnaval.)

> Dépêchez-vous, et bien vîte :
> Dans la maison tout est plein ;
> Un Chinois, avec sa suite,
> Vient d'arriver de Nankin.
> Les chameaux cherchent à paître,
> Les gens veulent s'installer.
> Les gens, les chameaux, le maitre,
> Je ne sais à qui parler.

(*A Gusman.*)

> Toi, dispose l'écurie.

(*A Carlo.*)

> Toi, prépare le salon ;
> Et toi, Pédro, je t'en prie,
> Charge-toi du pavillon.
> N'épargnez point la volaille,
> Mettez les broches en train,
> Aux chameaux servez la paille,
> Aux valets servez du vin.
> Tenez toutes choses prêtes,
> Et par vos soins diligens
> Que les hommes et les bêtes
> Chez moi se trouvent contens.

LES TROIS GARÇONS, *rentrant dans l'auberge.*

Oui , monsieur Torillos.

SCÈNE II.

TORILLOS, FRANTZ.

FRANTZ, *fumant.*

Vous êtes bien heureux, voisin.

TORILLOS.

C'est vrai. Je puis me vanter que mon auberge est la mieux achalandée de tous les faubourgs de Canton. Il n'arrive pas un voyageur de Pékin, de Tonkin, de Nankin, pas un étranger de quelque distinction qu'il soit, qu'on ne lui dise : allez-là , chez le portugais Torillos, vous serez bien. Je crois que mon enseigne m'a porté bonheur : A la Fortune !

FRANTZ.

En ce cas, la mienne m'a porté guignon.

TORILLOS.

N'en doutez pas. A la Bonne Foi !... Ah !...

AIR : *On culbute par compagnie.*

Ne vous l'ai-je pas toujours dit :
« Cette enseigne vous est funeste. »
Voisin , pour vous mettre en crédit ,
Elle est trop simple et trop modeste.
Dans tous les pays , croyez-moi ,
C'est une règle assez commune :
On néglige la bonne foi
Pour arriver à la fortune.

FRANTZ.

Tant pis !

TORILLOS.

Tant pis !... Tant mieux ! je m'en trouve bien. Pendant que vous vous croisez les bras, je ne sais où donner de la tête? Vous fumez toute la journée ; moi , tous les soirs, je compte mes thalers et mes sequins.

FRANTZ.

Je le crois , au métier que vous faites !

TORILLOS.

Au métier !

FRANTZ.

AIR : J'aime la force dans le vin.

Chez vous, dit-on, l'on meurt de faim.
TORILLOS.
J'observe les jours d'abstinence.
FRANTZ.
Vous mettez de l'eau dans le vin.
TORILLOS.
La recette me vient de France.
FRANTZ.
Vous ne logez que des seigneurs....
TORILLOS.
Leur pratique en effet est bonne !
FRANTZ.
Vous écorchez les voyageurs....
TORILLOS.
Ça ne fait de mal à personne !   (bis.)

FRANTZ.

Aussi, comment vous regardent ceux qui vous connais-sent bien ?

TORILLOS.

Que m'importe ? Tenez, monsieur Frantz, dans notre état, c'est une vertu mal placée que d'avoir des scrupules.

FRANTZ.

Je ne pense pas de même.

TORILLOS.

L'envie vous fait dire cela : votre maison est toujours vide.

FRANTZ.

Elle serait pleine....

TORILLOS.

Que vous feriez comme moi.

FRANTZ.

Jamais !

TORILLOS, *lui tournant le dos.*

Bonjour.

FRANTZ, *de même.*

Bonsoir.

SCÈNE III.

FRANTZ, *seul, et avec tout le flegme d'un Allemand.*

AIR : *Je le méprise.* (*Du* Comte d'Albert.)

J'aime l'homme qui, sans remords,
De son travail, de ses efforts,
Tire un légitime salaire ;
Mais un avide mercenaire
Qui de l'honneur fait un mic-mac....
    Je le méprise,
    Et je le prise,
    Moins qu'une prise
      De tabac.

(*Il se rassied sur sa porte, où il reste les bras croisés, et fume.*)

FRANTZ, *sur sa porte.* **FOKIEN** *et* **NING-HIA**, *sa fille, arrivent par le fond à gauche ; tous deux sont couverts d'habits qui n'annoncent pas l'opulence. Ning-Hia porte une espèce de mandoline dont elle doit s'accompagner en chantant. Fokien a un instrument chinois qui ressemble à une corne à bouquin ; il est attaché à un cordon qu'il porte en bandouillère.*

FOKIEN, *gaiement.*

Allons, ma fille, du courage ! On nous a mal accueillis
là-bas, peut-être nous accueillera-t-on mieux ici.

AIR : *Vaudeville du Marquis de Moncade.*

D'ailleurs, la détresse où nous sommes
N'a rien d'effrayant à mes yeux ;
C'est le malheur qui fait les hommes,
Le bonheur les rend orgueilleux.
De prospérité, de misère,
Le ciel entremêle nos jours ;
Pour se croire heureux sur la terre,
Il ne faut pas l'être toujours.

NING-HIA.

Mon père, ta philosophie
A mon cœur plaît infiniment,
Oui, je conviens que dans la vie
Il faut un peu de changement.
Peines, plaisirs, je le suppose,
Doivent en varier le cours :
On n'aimerait pas tant la rose
Si le printemps durait toujours.

FRANTZ, *à part.*

En voilà qui font comme moi.... Contre fortune bon cœur.

NING-HIA, *examinant l'auberge de Torillos.*

Mon père.... voici une hôtellerie de belle apparence.

FOKIEN, *toujours riant.*

L'apparence!... Je ne m'y fie plus !

NING-HIA.

Essayons toujours.

FOKIEN.

J'y consens... Prends ta mandoline.

NING-HIA.

Une chanson gaie, mon père... Ça les touchera peut-être davantage.

FOKIEN.

C'est possible, car ma complainte de tout à l'heure les a fait rire, voyons. (*Il chante à la porte de Torillos.*)

(*Ning-Hia l'accompagne.*)

AIR : *Tontaine, ton, ton.*

Bannissons la mélancolie,
Au diable la froide raison,

Ton, ton, ton, ton, tontaine, ton, ton.
De l'amour et de la folie
Suivons, pratiquons la leçon,
Ton, ton,
Tontaine, ton, ton.

Du passé noyons la mémoire
Dans ce jus qui donne du ton,
Ton, ton, ton, ton, tontaine, ton, ton.
Hâtons-nous, car sur l'onde noire
On n'en peut plus boire,
Dit on,
Ton, ton,
Tontaine, ton, ton.

Bon vin, jeune et belle maîtresse
Au teint de rose, à l'œil fripon,
Ton, ton, ton, ton, tontaine, ton, ton,
Je vous préfère à la richesse
Et du Potose et du Japon,
Ton, ton,
Tontaine, ton, ton.

SCENE V.

LES MÊMES, TORILLOS.

TORILLOS, *sortant de chez lui.*

Que demandes-tu... avec tous tes tons, tons?

FOKIEN, *gaiement.*

L'hospitalité pour moi et pour ma fille.... Une chambre où nous ne gênions personne.

TORILLOS, *le regardant d'un air de mépris.*

Une chambre?.. De quel prix?.. J'en ai depuis dix jusqu'à quarante sequins.

FOKIEN.

Des sequins! Il y a long-temps que je suis brouillé avec cette monnaie-là.

TORILLOS.

Mais enfin, où sont tes gens? ton bagage? ta voiture?

FOKIEN, *riant.*

Mes gens ? ma voiture ?

AIR : *Toujours content, toujours joyeux.*

J'allais jadis en palanquin,
Ma fortune a tourné casaque.
Aujourd'hui, sans crainte d'attaque,
Nous pouvons nous mettre en chemin.
Tra, la, la, la, la, la, la, la....
Avec mes deux pieds je voyage ;
Ce bâton me sert de soutien ;
Ma gaité, voilà mon bagage ;
Mes chansons, voilà tout mon bien. } *bis.*

TORILLOS.

Ah !... je comprends.

AIR : *Chanson, chanson.*

Du sort, pour braver les tourmentes,
Au lieu de t'affliger, tu chantes :
C'est bel et bon !
Mais, mon cher, avec cette audace,
Espérer chez moi de la place....
Chanson ! chanson !

(*Il rentre et lui ferme sa porte au nez.*)

SCÈNE VI.

FRANTZ, *sur sa porte,* **FOKIEN** *et* **NING-HIA.**

FOKIEN.

Et de deux !

FRANTZ, *à part.*

On les rebute... J'en étais sûr !

(*Il rentre chez lui comme ayant un projet en tête. Bientôt après il revient avec ses garçons, qui placent devant la porte une table couverte d'une nappe en nattes de jonc, avec trois couverts, une bouteille, etc., et trois siéges autour de la table.*)

(11)

FOKIEN, *sans remarquer ce qui se passe à la porte
de Frantz.*

La journée n'est pas bonne !.. Ning-Hia, une autrefois
tu chanteras toi-même, ta voix aura sans doute plus de
pouvoir que la mienne.

NING-HIA.

AIR : *Vaudeville de la Grange-Chancel.*

Console-toi, c'est mon avis,
Encore un peu de patience,
Et n'implorons plus l'assistance
Des arabes de ce pays.

(Elle voit un banc de pierre et va s'y asseoir.)

Quand la nuit étendra son voile,
Sur ce banc nous dormirons bien ;
En couchant à la belle étoile . . . .

(*Montrant le ciel.*)

Notre hôte n'exigera rien. (*bis.*)

FOKIEN.

Tu as raison... Mais ce banc ... qui sait ? on nous le dis-
putera peut-être.

NING-HIA.

Nous pouvons toujours nous reposer jusqu'à ce qu'on
nous en chasse. D'ailleurs, si tu veux, nous irons plus loin,
quand nous aurons repris des forces.

FOKIEN, *s'asseyant à côté d'elle.*

En effet, nous avons déjà tant marché !.. Pauvre Ning-
Hia ! tu dois être lasse.

FRANTZ, *s'avançant près d'eux et avec toute la rudesse
d'un Allemand.*

Allons ! laissez-là ce banc de pierre.

FOKIEN, *à sa fille.*

Que t'avais-je dit ?

NING-HIA, *à part.*

Pas même la liberté de nous asseoir !

FRANTZ, *brusquement.*

Suivez-moi.

NING-HIA, *effrayée de ses manières.*

Où voulez-vous que nous allions ?

FRANTZ.

Pas bien loin... ici... à cette table... Voilà deux couverts pour vous... et un pour moi... Si vous le permettez, je vous tiendrai compagnie.

NING-HIA, *étonnée.*

Mais... monsieur...

FRANTZ, *brusquement.*

Pas de façons... Je n'en fais jamais.

NING-HIA, *encore craintive.*

Voulez-vous bien nous dire au moins à qui nous avons l'honneur...

FRANTZ.

L'honneur !.. Bah !.. Je suis tout bonnement le maître de cette auberge... J'ai quitté mon pays, l'Allemagne, il y a dix ans, croyant trouver la fortune ici, je ne l'ai pas encore rencontrée. C'est égal, la maison est toujours bien pourvue, quand je ne vends pas mes provisions, je les mange, et vous allez m'aider.

FOKIEN, *surpris.*

AIR : *Vaudeville de la Revanche forcée.*

Pardon.... mais c'est que notre bourse....
FRANTZ.
Qui diable vous parle d'argent ?
NING-HIA.
L'espoir est la seule ressource....
FRANTZ.
Parbleu ! je vous en offre autant.

(*Il fait un signe à ses garçons qui paraissent avec plusieurs mets qu'ils placent sur la table.*)

En attendant, que rien ne vous attriste,
Mangez, buvez aussi gaîment
Que si vous me payiez comptant....

FOKIEN, *à part et interdit.*

Cet homme-là n'est pas un aubergiste ! (*bis.*)

FRANTZ.

De l'affront qu'on vient de vous faire,
Vous venger est mon seul désir.
Vous aurez bon lit, bonne chère,
Tous mes garçons pour vous servir.

FOKIEN.

Mais, monsieur.....

FRANTZ.

Paix !....

Je n'aime point qu'ainsi l'on me résiste.

(*Il lui verse à boire.*)

Goûtez-moi ce petit vin blanc,
Il est bien pur, il est bien franc....

FOKIEN, *à part.*

Cet homme-là n'est pas un aubergiste ! (*bis.*)

FRANTZ.

Et où comptiez-vous donc aller comme cela, avec cette aimable enfant ?

FOKIEN.

A l'île Formose, où j'espère encore recueillir un petit héritage.

NING-HIA.

Nous voulions nous embarquer ce matin.

FOKIEN.

Oui, mais faute..... (*d'argent.*)

FRANTZ.

J'entends.

NING-HIA.

On nous a refusé le passage.

FRANTZ.

Restez chez moi jusqu'à meilleure occasion.

FOKIEN.

Brave homme !

FRANTZ.

Puis-je savoir ce que vous faites, votre état?

FOKIEN.

Je suis lettré.

FRANTZ.

Oh! oh!.. un savant! J'aurais dû m'en douter.

FOKIEN.

J'étais en place; j'ai eu des ennemis.

FRANTZ.

Qui n'en a pas?

FOKIEN.

On m'a disgracié.

FRANTZ.

Buvez..... cela console de tout.

(*Ici commence la ritournelle d'une marche asiatique qu'on entend de loin.*)

NING-HIA.

Mon père, entends-tu cette musique? (*Elle se lève et va voir vers le fond.*) Ah!.. et ce cortège qui vient là-bas!.. Un riche seigneur monté sur un dromadaire!.. O mon dieu! que de monde à sa suite!

FRANTZ.

Je doute fort que ce soit un savant.

NING-HIA.

On dirait qu'ils viennent par ici... Oui, voilà qu'on leur indique l'auberge où l'on nous a si mal reçus.

FRANTZ.

Il y aura de la place pour eux, je vous en réponds.

SCÈNE VII.

LES MÊMES, *un groupe de musiciens chinois,* TCHITT-CHITT-CHAO, *vêtu très-richement et monté sur un dromadaire. Il a en croupe derrière lui un petit nègre qui tient un parasol au-dessus de sa tête. Le dromadaire est conduit par deux valets de pied. La marche est terminée par d'autres valets qui portent des malles , etc.*

TCHITT-CHITT-CHAO, *à ses gens.*

AIR : *C'est un grand jour de fête.*

Bravo! Bravo ! c'est comme un ange !
Là , là . . . . . doucement . . . . piano . . . .

CHŒUR.

Qu'on se détourne , qu'on se range ;
Place au seigneur Tchitt-Chitt-Chao !

(Le cortége entre dans la cour de l'auberge de Torillos ; mais au moment où le dromadaire passe à son tour , la porte se trouvant trop basse, Tchitt-Chitt-Chao se sent arrêté par le mur du fronton , et pense être renversé de son dromadaire.)

TCHITT-CHITT-CHAO, *criant de toutes ses forces.*

Arrêtez ! arrêtez! La porte n'est pas assez haute pour moi... Peste soit de l'auberge où vous me conduisez !.. Vous ne voyez pas que pour entrer j'ai la tête de trop.

SCENE VIII.

LES MÊMES, TORILLOS.

TORILLOS, *accourant avec un marche-pied,*
Seigneur, donnez-vous la peine de descendre.

TCHITT-CHITT-CHAO.

Il est bien temps, quand j'ai failli me casser l'échine..
Laissez... laissez... (*A ses gens*). Holà! vous autres, sou-
tenez-moi. (*Ses gens l'aident à descendre.*)

TCHITT-CHITT-CHAO, *essayant de marcher.*

Aïe! aïe! oh !.. Que je souffre donc du dos !..

TORILLOS.

Attendez, seigneur, je vais vous remettre.

(Il essaie de le redresser.)

TCHITT-CHITT-CHAO, *criant.*

Doucement !.. Oh là, là! j'entends quelque chose qui
craque... Aïe !.. oh !.. ouf !.. Je ferai murer ta maison pour
t'apprendre à laisser le passage libre, coquin !

TORILLOS, *s'excusant.*

Seigneur!....

FOKIEN, *à Frantz.*

Un pareil accident ne nous serait pas arrivé.

TCHITT-CHITT-CHAO, *à Torillos.*

Voyons, as-tu de quoi me loger, moi et ma suite ?

TORILLOS.

Oui, seigneur, votre suite et vous.

TCHITT-CHITT-CHAO.

Il me faut une écurie.....

TORILLOS.

Vous l'aurez.

TCHITT-CHITT-CHAO.

Pour ma monture, c'est une bête à laquelle je suis fort
attaché.

TORILLOS.

Vous trouverez aussi chez moi bonne compagnie, un
riche Chinois de Nankin, qui occupe cet étage.

TCHITT-CHITT-CHAO.

Eh bien, et moi ? où me placeras-tu ?

TORILLOS.

J'ai encore deux beaux appartemens ; le premier au
second, le second au troisième : vous choisirez.

TCHITT-CHITT-CHAO.

Je retiens le premier du second. Donne à boire à mes musiciens, et prépare-moi un bon dîner.

AIR : *Vaudeville des Bourgeois campagnards.*

Fais-nous faire enfin bonne chère,
Et surtout prends bien garde à toi,
Si j'apprends que mon dromadaire
N'est pas nourri tout comme moi.

TORILLOS.

Reposez-vous sur votre bête,
Seigneur, je vais en prendre soin,
Et sur-le-champ me mettre en quête
Pour lui faire donner du foin.

TCHITT-CHITT-CHAO.

A la bonne heure, j'aime ça.

(Il rentre.)

SCÈNE IX.

LES MÊMES, *excepté* TORILLOS.

TCHITT-CHITT-CHAO, *à ses valets.*

Oh ! hé !... conduisez-moi. (*Deux de ses valets le soutiennent par les épaules; il se retourne pour entrer dans l'auberge; mais, en passant devant Ning-Hia, il s'arrête tout court, ensuite il se débarrasse de ses gens et revient sur le devant de la scène.*) Oh la jolie petite !... (*Il la regarde.*) Mais c'est qu'elle est à croquer !... Eh bien, ne voilà-t-il pas que ça me !... Repassons pour la voir de plus près. (*Il s'en va et passe du côté de Ning-Hia; arrivé près d'elle, il revient encore sur ces pas.*) C'est singulier.... quand je suis près d'elle, je ne puis pas aller plus loin.

FOKIEN, *à sa fille et en riant.*

Ning-Hia, je crois que ce jeune et aimable seigneur devient amoureux de toi.

TCHITT-CHITT-CHAO.

Plus je l'examine..... Allons dîner.

AIR : *Amusez-vous, trémoussez-vous.*

Ah ! qu'une fille
Bien gentille,
Fait plaisir à voir,
Et qu'elle a de pouvoir !
Son sourire
Cause un délire
Dont l'effet ravit
Les sens, le cœur, l'esprit.
Regard fripon,
Ou pied mignon,
Nous rajeunit,
Nous réjouit....
Ça vous ravigotte,
Ravigotte,
Ravigotte, } *bis.*
Ça vous ravigotte,
Ravigotte l'appétit.

(*Au dernier vers, il se retourne d'un autre côté et
rentre dans l'auberge de Torillos avec ses gens.*)

SCÈNE X.

FRANTZ, FOKIEN, NING-HIA.

FOKIEN, *riant.*

Ah ! ah ! ah ! ah ! Le seigneur Tchitt-Chitt-Chao s'en-
flamme un peu tard.

FRANTZ.

Vous voyez que mon voisin ne manque pas de pra-
tiques.

FOKIEN.

Et ce n'est pas lui assurément qui mériterait la préférence,
Mais qui sait ?.. Un jour peut-être vous aurez votre tour.

FRANTZ.

Frantz n'en sera pas plus fier.

FOKIEN, *lui serrant la main.*

J'en suis sûr !.. (*Il se lève.*) Mon cher Frantz, adieu. Je me souviendrai de vous.   (*On enlève la table.*)

FRANTZ.

Vous me quittez déjà ?

FOKIEN.

Vous nous avez si bien traités que nous pouvons nous remettre en route.

FRANTZ.

Vous avez tort. Restez, vous dis-je. Je connais un pilote-côtier qui va souvent à l'île Formose ; je lui parlerai, il se chargera de vous y conduire.

FOKIEN *l'embrasse avec reconnaissance, ensuite il dit à Ning-Hia.*

Ah ma fille ! tu le vois !

AIR : *Une fleur pour mieux nous séduire.* (*De* la Ferme et le Château.)

> De la nature prévoyante
> N'accusons jamais les décrets ;
> Le plus consolant des bienfaits
> A côté des maux se présente.
> Ainsi, dans les déserts, souvent,
> Altéré par sa longue course,
> Au milieu d'un sable brûlant,
> Le voyageur trouve une source.

FRANTZ.

Comme tous mes appartemens sont libres, vous pourrez choisir aussi, vous... et le plus beau ! Ça ne m'appauvrira pas davantage.

FOKIEN, *après une courte réflexion.*

Eh bien... Nous resterons.

FRANTZ.

A la bonne heure !

FOKIEN.

Nous resterons.

FRANTZ.

Voilà qui est parler ! (*A Ning-Hia.*) Allons ! mon enfant, la petite chanson pour achever de nous mettre en train.

FOKIEN.

Oh! c'est trop juste ! Ning-Hia, il faut au moins payer notre écot de cette manière-là ; ça ne coûte pas cher... Chante... et je vais t'accompagner.

(*Il prend la mandoline de Ning-Hia.*)

NING-HIA.

Pour monsieur Frantz?... Je ne demande pas mieux.

NING-HIA.

AIR : *Ah ! si parfois j'ai de la tristesse.* (*Du Droit du Seigneur.*)

Un oiseau, fier de son plumage,
Se moquait tout le long du jour
D'un rossignol dont le ramage
Charmait les échos d'alentour.
Le chantre des bois, sans murmure,
Souffrait son humeur, son injure,
Ne perdant rien de sa gaîté.
L'autre doublait de vanité,
Mais bientôt sa riche parure
Le priva de sa liberté.

(*Vers la fin du couplet on voit Tang-Out-Sung paraître à la fenêtre du premier étage de la maison de Torillos ; Tchitt-Chitt-Chao paraît ensuite à la fenêtre au-dessus.*)

SCENE XI.

LES PRÉCÉDENS , TANG-OUT-SUNG , TCHITT-CHITT-CHAO, *tous deux aux fenêtres.*

TCHITT-CHITT-CHAO.

C'est elle-même!... Ah!... (*Il appelle.*) Seigneur Tang-Out-Sung!

TANG-OUT-SUNG, *levant la tête.*

Seigneur Tchitt-Chitt-Chao!

TCHITT-CHITT-CHAO.

Avez-vous entendu?

TANG-OUT-SUNG.

Oui, j'étais à dîner... Je tenais en main ma cuisse de volaille quand cette voix a frappé mon oreille, et je suis resté sur ma bouche pour l'écouter.

TCHITT-CHITT-CHAO.

Quel joli timbre!... hein?

TANG-OUT-SUNG.

C'est vrai.... c'est flûté!

FRANTZ, *à Fokien.*

Voyez-vous les curieux aux fenêtres?

FOKIEN, *riant.*

Oui, oui, je les vois... Ning-Hia, le second couplet.

(Pendant que Ning-Hia chante le second couplet, les deux vieillards chinois, qui l'écoutent, balancent leur tête comme ces figures de magots que nous voyons sur nos cheminées.)

NING-HIA.

L'oiseau si fier, dans l'esclavage,
Bientôt gémit soir et matin,
Regrettant les bois, le feuillage,
Il maudit son cruel destin.
Le rossignol, près de sa cage,
Lui tient à son tour ce langage :
« Orgueilleux ! tu m'as insulté,
« Le sort punit ta vanité :
« Je n'avais pas ton beau plumage,
« Mais j'ai gardé ma liberté. »

TCHITT-CHITT-CHAO, *jetant un cri d'admiration et levant les deux bras en l'air.*

Ah !

TANG-OUT-SUNG, *de même.*

Ah !

FOKIEN.

Ah! mon Dieu! les voilà tous deux en extase!

TCHITT-CHITT-CHAO.

Seigneur Tang-Out-Sung!

TANG-OUT-SUNG.

Seigneur Tchitt-Chitt-Chao!

TCHITT-CHITT-CHAO.

Que dites-vous de cela?

TANG-OUT-SUNG.

Ma foi, je dis que je ne dis rien.... tant je suis émerveillé! Je ne puis tenir à ma curiosité... descendons.

(Il quitte la fenêtre.)

TCHITT-CHITT-CHAO.

A cette fenêtre, je suis trop éloigné d'elle.... Voyons si je ne pourrai pas lui parler. (*Il se retire et descend.*)

SCENE XII.

FOKIEN, NING-HIA, FRANTZ.

FOKIEN, *qui a observé les deux Chinois.*

(*A part.*) Ils se retirent.... Sans doute pour venir ici?... Quelle idée!... Oui, je veux servir ce brave homme.... Le moyen s'offre de lui-même... (*Haut.*) Monsieur Frantz.... et toi aussi, ma chère Ning-Hia... rentrez à la maison.

FRANTZ.

Comment?... Pourquoi?

FOKIEN.

Vous le saurez, laissez-moi faire; rentrez, je veux être seul ici.

FRANTZ, *rentrant.*

A votre aise.

NING-HIA, *avec une sorte d'inquiétude.*

Mon père, tu nous rejoindras bientôt?

FOKIEN.

Oui, ma fille.... Sois sans inquiétude; vas, ou je me trompe fort, ou je m'acquitterai envers notre honnête aubergiste.

NING-HIA.

Adieu, mon père.

FOKIEN, *l'embrassant.*

Adieu, Ning-Hia. (*Elle entre chez Frantz.*)

FOKIEN, *seul,*

A en juger par l'impression que Ning-Hia a faite sur ces deux Chinois, je suppose que.... Les voici !.. Bon ! Voyons les venir.

SCÈNE XIII.

FOKIEN, *vers le fond*, **TCHITT-CHITT-CHAO** *et* **TANG-OUT-SUNG**, *sortant ensemble de l'auberge de Torillos.*

TCHITT-CHITT-CHAO.

Où courez-vous donc, seigneur Tang-Out-Sung ?

TANG-ONT-SUNG.

Mais je pourrais vous faire la même question, seigneur Tchitt-Chitt-Chao ?

TCHITT-CHITT-CHAO.

Moi, je vous avouerai que c'est cette jeune fille qui me trotte par la tête.

TANG-OUT-SUNG.

En vérité ! C'est elle aussi qui me galope dans l'esprit.

TCHITT-CHITT-CHAO.

AIR : *T'ès dans tes atours.*

Seigneur, j'en suis fou !

TANG-OUT-SUNG.

Moi d'même !

TCHITT-CHITT-CHAO.

Vous d'même ?

TANG-OUT-SUNG.

Moi d'même !

TCHITT-CHITT-CHAO.

Sérieusement, je l'aime !

TANG-OUT-SUNG.
Moi d'même.

TCHITT-CHITT-CHAO.
Vous d'même ?
Je pourrais, voyant votre flamme extrême,
Crier : casse-cou.

TANG-OUT-SUNG.
Moi d'même.

TCHITT-CHITT-CHAO.
A votre âge, encore amoureux ?

TANG-OUT-SUNG.
Vous d'même.

TCHITT-CHITT-CHAO.
Mais au mien l'on a tous ses feux.

TANG-OUT-SUNG.
Moi d'même.

TCHITT-CHITT-CHAO.
Quoique sans cheveux....

TANG-OUT-SUNG.
Et moi de même....

TCHITT-CHITT-CHAO.
On n'est pas si vieux....

TANG-OUT-SUNG.
Moi tout de même.

TCHITT-CHITT-CHAO.
Je vous dirai mieux....

TANG-OUT-SUNG.
Moi d'même.

TCHITT-CHITT-CHAO.
C'est que quand je veux.....

TANG-OUT-SUNG.
Moi d'même.

TCHITT-CHITT-CHAO, *à part.*
C'est égal, je suis bien sûr de l'emporter sur lui.

TANG-OUT-SUNG, *à part.*
Il a beau dire, je ne lui céderai pas le pas.

TCHITT-CHITT-CHAO, *se retournant.*
Eh bien !.... Pendant que nous discourions, elle a disparu.

FOKIEN, *s'avançant.*

Qui cherchez-vous donc ?

TANG-OUT-SUNG.

Qui ? qui ?.. Parbleu ; la jeune chanteuse...

TCHITT-CHITT-CHAO.

Qui chantait.

FOKIEN.

Ah ! Ah ! Ma fille ?

TCHITT-CHITT-CHAO *et* TANG-OUT-SUNG,
chacun à part.

Sa fille !

TCHITT-CHITT-CHAO.

Tu es son père, mon ami ?

TANG-OUT-SUNG.

Bien vrai ?

TCHITT-CHITT-CHAO.

Eh bien, ne peut-on la voir, ta fille ?

TANG-OUT-SUNG.

Lui parler ?

FOKIEN.

Impossible ; ma fille ne parle jamais à personne.

TCHITT-CHITT-CHAO.

Mais je ne suis pas personne, moi.

TANG-OUT-SUNG.

Sais-tu que je suis un des plus riches propriétaires de
Nankin ?

TCHITT-CHITT-CHAO.

Sais-tu que je jouis de la plus haute considération dans
Pékin.

FOKIEN.

Que m'importe ?

TANG-OUT-SUNG.

Tu fais bien le fier pour un homme qui n'a pas de quoi
l'être !

FOKIEN.

Qu'en savez-vous ?

AIR : *Eh ! que'q'ça m'fait à moi.*

Qué de Nankin, de Pékin
Vous tiriez votre origine,
Fussiez-vous tous deux enfin,
Maîtres de la Cochinchine !
Eh ! que'q'ça m'fait à moi ?
Je n'ai pas l'humeur chagrine ;
Eh ! que'q' ça me fait à moi ?
Je vis content comme un roi.

TCHITT-CHITT-CHAO, *bas à Tang-Out-Sung.*

C'est une espèce de philosophe.

TANG-OUT-SUNG.

Cette espèce-là pullule partout.

FOKIEN.

Vous avez, en voyageant,
Un train qui vous importune ;
Moi je chemine gaiment
Sans suite et sans crainte aucune,
Eh ! que'q'ça m'fait à moi ?
Vous logéz à la *Fortune*,
Eh ! qu'eq'ça m'fait à moi ?
Je loge *à la Bonne Foi.*

TANG-OUT-SUNG.

Ah ! tu demeures dans cette hôtellerie ?

FOKIEN.

Oui, je l'occupe... toute entière.

TANG-OUT-SUNG, *déjà étonné.*

Toute entière !

TCHITT-CHITT-CHAO.

A toi seul ?

FOKIEN.

Avec ma fille Ning-Hia.

TCHITT-CHITT-CHAO.

Ning-Hia !... Elle s'appelle Ning-Hia ?.. Ah !...

TANG-OUT-SUNG.

Tu n'es donc pas si gueux que tu le parais ?

FOKIEN.

Gueux !.. Je n'ai rien, et j'ai tout !.. J'ai l'air de peu de chose, et je vaux peut-être plus que je ne parais. Tel m'a refusé ce matin sa porte, qui ce soir m'offrira toute sa maison.

TANG-OUT-SUNG, à Tchitt-Chitt-Chao.

Ce qu'il dit là est bien amphibologique.

TCHITT-CHITT-CHAO.

Oui, c'est comme une énigme.

FOKIEN.

On voit tant de princes, de califes, de sultans même.... voyager incognito !... Qui sait? sous cet habit, moi, je pourrais être un grand mandarin.

TCHITT-CHITT-CHAO, un peu déconcerté et à part.

Mandarin !

TANG-OUT-SUNG, de même.

Mandarin !

TCHITT-CHITT-CHAO.

Seigneur Tang-Out-Sung !

TANG-OUT-SUNG.

Seigneur Tchitt-Chitt-Chao !

TCHITT-CHITT-CHAO.

Je vois que vous ouvrez de grands yeux.

TANG-OUT-SUNG.

Et vous de grandes oreilles.

TCHITT-CHITT-CHAO.

Je suis en effet stupéfait.

TANG-OUT-SUNG.

Et moi tout interloqué.

TCHITT-CHITT-CHAO.

S'il nous disait la vérité en riant.

TANG-OUT-SUNG.

La vérité est que nous avons parlé à cet homme-là avec un ton dur, haut et sec.

TCHITT-CHITT-CHAO.

Sec !... C'est vous !

TANG-OUT-SUNG.

Il faut réparer notre bévue.

TCHITT-CHITT-CHAO.

De simples soupçons pourtant ne sont pas des preuves.

TANG-OUT-SUNG.

Si, c'en sont, croyez-moi, c'en sont.... C'est quelque grand seigneur qui ne veut pas paraître l'être.

TCHITT-CHITT-CHAO.

Ceci changerait bien la thèse.

(Ils abordent tous deux Fokien avec un grand respect et s'inclinent profondément.)

TCHITT-CHITT-CHAO *et* TANG-OUT-SUNG, *ensemble.*

Seigneur.....

FOKIEN, *riant.*

Ah ! prenez garde !... N'allez pas vous tromper... Je n'ai point dit que j'étais un grand mandarim..

TANG-OUT-SUNG.

Non, non ; mais qu'il se pourrait faire que vous en fussiez un : c'est tout comme, seigneur, et...

FOKIEN.

Si vous voulez que je vous écoute, ne me traitez pas avec plus de cérémonie qu'auparavant.

TCHITT-CHITT-CHAO.

Vrai ?

FOKIEN.

Je l'exige.

TANG-OUT-SUNG.

En ce cas, vous.....

FOKIEN.

Non, tu.

TANG-OUT-SUNG.

Eh bien, tu.... tu, tu, tu, c'est convenu.... Vous serez... tu seras satisfait.

FOKIEN.

A la bonne heure.... A présent, voyons, où vouliez-vous en venir ?

TANG-OUT-SUNG.

Mais, moi, j'en reviens toujours à mes moutons, à ta fille.

TCHITT-CHITT-CHAO.

C'est la belle Ning-Hia qui a pris possession de mon cœur.

TANG-OUT-SUNG.

Mes vues ne sont point clandestines.

TCHITT-CHITT-CHAO.

Les miennes sont bornées au seul désir de l'épouser.

FOKIEN.

Comment donc? deux riches partis se présenteraient à la fois pour ma fille !

TANG-OUT-SUNG.

Elle en vaut bien la peine.

FOKIEN.

Eh! eh !... c'est vrai.

AIR : *Si le métier des armes.*

Cette fille si chère,
Mon bien, mon seul appui ;
Ne connaît que son père,
Et n'adore que lui.
Jeune et novice encore,
C'est un cœur sans détour,
Qui n'attend pour éclore
Qu'un doux rayon d'amour.

TCHITT-CHITT-CHAO *et* TANG-OUT-SUNG, *ensemble.*

Cette fille si chère,
Ton bien, ton seul appui,
A tout je la préfère,
Elle m'a tout ravi.
Ce cœur novice encore,
Naïf et sans détour,
Je veux le faire éclore
Par un rayon d'amour.

FOKIEN.

Un moment ! un moment ! Vous me la demandez tous les deux, et en conscience pourtant je ne puis donner qu'un mari à ma fille.

TCHITT-CHITT-CHAO.

C'est juste.

TANG-OUT-SUNG.

Il a raison.

TCHITT-CHITT-CHAO.

AIR *d'Arnill.*

Mon avis est le vôtre,
Je m'y rends sans difficulté.

TANG-OUT-SUNG.

Il faut que l'un ou l'autre
Soit débouté
Soit rejeté.
Oui, tout de suite....

TCHITT-CHITT-CHAO.

Renvoyez vite
Le plus vieux
Et le plus fâcheux.

TANG-OUT-SUNG.

N'y a qu'à choisir entre nous deux.
N'y a qu'à, n'y a qu'à choisir....

TCHITT-CHITT-CHAO *et* TANG-OUT-SUNG.

N'y a q', n'y a q', n'y a q'....
N'y a qu'à choisir entre nous deux. (*bis.*)

FOKIEN.

Ecoutez : j'accorderai la préférence au plus prévenant...

TCHITT-CHITT-CHAO, *à part.*

Je réponds de moi.

FOKIEN.

Au plus empressé...

TANG-OUT-SUNG, *à part.*

Je suis bien tranquille.

FOKIEN.

A celui, enfin, qui par ses respects, ses attentions, se montrera le plus digne de mon choix.

TCHITT-CHITT-CHAO, *à part.*

Mon compte est bon.

TANG-OUT-SUNG, *à part.*

Je serai le mari, je suis bien sûr de l'être.

TCHITT-CHITT-CHAO, *tirant Fokien à part.*

Ecoute. Décemment, tu ne peux rester dans cette auberge.... Je t'offre un appartement superbe.

FOKIEN.

Je vous remercie; mais cette auberge, quoique simple en apparence, est excellente, et je la préfère à la vôtre.

TCHITT-CHITT-CHAO.

J'entends... j'entends... C'est moi qui vais quitter la mienne.

FOKIEN, *à part.*

A merveille!

TANG-OUT-SUNG, *tirant à son tour Fokien à part.*

Un mot, un mot.... Viens te loger chez moi; mes gens, mon équipage, tout ce que j'ai sera à ton service.

FOKIEN.

Y pensez-vous, seigneur? serait-il décent que nous allassions loger chez vous? Dans ce pays, c'est aux maris à venir trouver leurs femmes. Songez donc que nous ne sommes ni en Turquie ni en Perse.

TANG-OUT-SUNG.

Tu as raison ... et je te prouverai bientôt que je ne suis pas non plus un mari de ces pays-là. Avant une heure d'ici, mon ami, je serai installé sous le même toit que toi.

FOKIEN, *à part.*

Bravo!

SCÈNE XIV.

LES PRÉCÉDENS, NING-HIA, FRANTZ.

NING-HIA.

Eh bien, mon père, viens donc.

TCHITT-CHITT-CHAO *et* **TANG-OUT-SUNG.**

Oh! la voilà! la voilà!...

NING-HIA, *à son père.*

Tu m'avais promis de revenir bientôt.

FRANTZ.

Si vous voulez vous reposer, tout est prêt dans votre appartement, et je réponds que personne ne vous dérangera.

FOKIEN.

Grand merci, bon Frantz.... Ning-Hia, j'ai mis à profit les momens que j'ai passés loin de toi.

AIR : *Il vous souvient de cette fête.*

Apprends que j'ai, ma chère fille,
Deux époux à te présenter.

(Il lui présente les deux Chinois.)

TCHITT-CHITT-CHAO *et* **TANG-OUT-SUNG**,
chacun d'un côté de Ning-Hia.

Oui, je serai de la famille,
Mon enfant, j'ose m'en flatter.

TCHITT-CHITT-CHAO.

Je sèche, je brûle, je grille,
Par vos yeux mon cœur est percé.

TANG-OUT-SUNG.

Au feu qui dans mes regards brille
On voit par où je suis blessé.

NING-HIA.

De grâce, expliquez-moi, mon père,
Je ne comprends rien à cela.

FRANTZ.

Ni moi.... Quel est donc ce mystère ?

LES DEUX CHINOIS, *prenant chacun une main de
Ning-Hia.*

Elle est timide, et je sens là....

TCHITT-CHITT-CHAO.

Sa main qui tremble dans la mienne....

TANG-OUT-SUNG.

Ma main qui tremble dans la sienne....

ENSEMBLE.

Il faut vous rassurer.

FOKIEN, *éloignant Ning-Hia.*

Il faut nous retirer.
Voilà les deux époux, ma fille,
Que j'avais à te présenter, etc. . . .

(*Emmenant sa fille.*)

Adieu, nous nous reverrons. (*Il rentre chez Frantz.*)

TANG-OUT-SUNG.

Je l'espère. (*A part et rentrant chez Torillos.*) Ah ! quel bonheur ! quel honneur si j'allais épouser la fille d'un grand mandarin !

SCÈNE XV.

FRANTZ, TCHITT-CHITT-CHAO.

TCHITT-CHITT-CHAO.

Mon rival s'éloigne, c'est le cas ou jamais de le devancer. (*Comme Frantz va pour rentrer chez lui, Tchitt-Chitt-Chao le tire en arrière par le pan de son habit.*)

FRANTZ, *reculant.*

Eh bien ! eh bien ! quel est donc l'imbécille qui me tire comme cela ?

TCHITT-CHITT-CHAO.

C'est moi !

FRANTZ, *se retourne et s'excuse.*

Ah ! seigneur....

TCHITT-CHITT-CHAO.

Mon ami, mon ami, tu es le maître de cette auberge ?

FRANTZ.

Oui.

TCHITT-CHITT-CHAO.

Je sais que tu l'as louée à ce mandarin qui l'occupe toute entière avec sa charmante fille ; mais voilà cent sequins.... (*Il lui donne une bourse.*)

FRANTZ, *interdit.*

Un mandarin !.... cent sequins ! ... que diable....

TCHITT-CHITT-CHAO.

Tu n'es pas content ?... En voilà deux cents.

FRANTZ, *encore plus étonné.*

Deux cents sequins !... et pourquoi faire ?

TCHITT-CHITT-CHAO.

Pour que tu me loges chez toi, le plus près possible de Ning-Hia ; mon cher ami, la plus petite chambre me suffira.

FRANTZ, *confondu.*

Mais, seigneur, y pensez-vous ? Deux cents sequins pour...

TCHITT-CHITT-CHAO.

Ce n'est pas encore assez ?... Prends ce diamant... (*Il lui donne une bague qu'il tire de son doigt.*) Prends-le, je t'en prie, et ne me refuse pas la grâce que je te demande.

FRANTZ.

Ma foi ! à ce prix, seigneur, venez quand il vous plaira ; vous, vos valets, vos bêtes, je vous logerai tous, fussiez-vous mille !

TCHITT-CHITT-CHAO.

Ah ! mon ami, tu m'ôtes vingt années de dessus la tête ! Je vais vîte payer l'aubergiste Torillos et ordonner à mes gens de transporter tout chez toi. (*Il rentre chez Torillos par la grande porte de la cour.*)

FRANTZ, *seul.*

Je tombe des nues !.... voilà une aubaine à laquelle je ne m'attendais guère !

SCÈNE XVI.

FRANTZ, TANG-OUT-SUNG, *deux de ses valets portant un grand coffre.*

TANG-OUT-SUNG, *indiquant à ses valets la porte de Frantz.*

C'est là... Entrez, entrez, et dites que c'est de la part de Tang-Out-Sung, votre seigneur et maître.

FRANTZ, *arrêtant les valets.*

Un moment ! chez qui portez-vous donc tout cela ?

TANG-OUT-SUNG.

(*A Frantz.*) Chut !... (*à ses gens.*) Allez toujours.... (*A Frantz, avec un air mystérieux.*) Chez le grand mandarin que tu as le bonheur de posséder dans ta maison..... Ce sont des présens , des bagatelles sans conséquence, quelques étoffes d'Indes pour sa fille.

FRANTZ.

Le grand mandarin !... Mais que signifie?....

TANG-OUT-SUNG.

Oui, le père de la charmante Ning-Hia.

FRANTZ.

Ce pauvre diable qui demande l'hospitalité en chantant.

TANG-OUT-SUNG, *riant.*

Pauvre diable !... c'est cela !... pauvre diable !

AIR : *Vaudeville de l'Ecu de six francs.*

Quoique sous l'air de l'indigence,
Ce pauvre diable se trahit
Par l'air de noblesse et d'aisance
Qui perce à travers son habit...(*bis.*)
Plus fin que toi, sans le paraître,
Moi, j'ai deviné subito,
Qu'il veut garder l'incognito
Pour ne pas se faire connaître.

FRANTZ.

Oh ! oh !... Et c'est un mandarin ?

TANG-OUT-SUNG.

Mandarin, te dis-je, tout ce qu'il y a de plus mandarin.

FRANTZ.

En effet, vous êtes plus fin que moi ; je ne m'en serais jamais douté.

TANG-OUT-SUNG.

Ce n'est pas tout ; maintenant, il est bon de te dire que j'ai une suite nombreuse, que je fais une grande dépense, et que je vais quitter cette auberge pour venir dans la tienne.

FRANTZ.

Dans la mienne !... impossible ! Elle est déjà toute retenue par.....

TANG-OUT-SUNG.

Je sais, je sais... Mais voilà une bourse de cinquante thalers qui va te fermer la bouche.

FRANTZ, *étourdi*.

Cinquante thalers !... Mais, seigneur...

TANG-OUT-SUNG.

En voilà cinquante autres, et tais-toi.

FRANTZ.

Si cela continue, je parlerai jusqu'à demain.

TANG-OUT-SUNG.

Si tu dis encore un mot, j'achète ton auberge, et peut-être bien qu'après je serai le maître de m'y loger.

FRANTZ.

Ma foi, je ne veux plus la vendre, elle me rapporte trop.

TANG-OUT-SUNG.

En ce cas, hâte-toi tout au plutôt de m'y préparer une place, n'importe laquelle. (*Voyant revenir les deux valets avec le coffre.*) Comment !... vous voilà ?... Et mes présens ?

UN DES VALETS.

Maître, on n'en a pas voulu.

TANG-OUT-SUNG, *à Frantz.*

Eh bien!... eh bien!... si c'était un pauvre diable, aurait-il refusé ces richesses?... Je vais donner mes ordres, et revenir bientôt chez toi escorté de tout mon monde.

(Il rentre avec ses gens chez Torillos.)

SCÈNE XVII.

FRANTZ, *sur l'avant-scène,* et **FOKIEN** *qui l'observe de loin.*

FRANTZ, *regardant et pesant toutes les bourses qu'il vient de recevoir.*

Ouf!... Je respire à peine!... Est-ce un songe? Que d'argent!

FOKIEN, s'avançant.

« Il ne faut s'étonner de rien,
« Il n'est qu'un pas du mal au bien. »

FRANTZ, courant à lui.

Ah!... vous aviez ma foi raison.... (*Avec respect et voulant se jeter aux pieds de Fokien.*) Mais, seigneur, excusez la manière un peu libre avec laquelle.... Est-il vrai, comme le disent ces deux magnifiques Chinois, que vous soyez un grand mandarin ?

FOKIEN, riant.

Pas plus que vous, mon cher Frantz.

AIR : O Mahomet !

Le hasard seul a causé leur méprise,
J'ai de mon mieux combattu cette erreur ;
C'est justement mon excès de franchise
Qui les abuse et me vaut leur faveur.
Tant qu'ils m'ont cru pauvre et de bas étage,
Ils m'ont traité tous deux avec mépris ;
Dès qu'ils m'ont pris
Pour un grand personnage,
Il fallait voir comme ils étaient petits !

FRANTZ.

En ce cas, je ne veux pas les tromper non plus, et je
vais....

FOKIEN, *l'arrêtant.*

Pourquoi donc?

FRANTZ.

Mais, puis-je en conscience...?

FOKIEN.

Garder cet argent? Eh! ne vous est-il pas légitimement
acquis? Ces deux soupirans et leur brillante suite ne vont-
ils pas occuper toute votre maison?...Je suis plus embar-
rassé que vous. D'après l'amour qu'ils ont subitement conçu
pour ma fille, tous deux briguent à la fois l'honneur de lui
appartenir, et je ne sais plus trop comment je me délivrerai
de leurs importunités.

FRANTZ.

Ne m'avez-vous pas dit que vous aviez le projet de passer
à l'île Formose.

FOKIEN.

Oui, c'est là que j'ai la promesse d'une retraite paisible.
Mais.... ne pourrai-je pas m'embarquer.... aujourd'hui
même?

FRANTZ, *après une courte reflexion.*

Vous le voulez?... Absolument?... Laissez-moi faire...
Oui.... Et Torillos, ce même homme qui tantôt vous a si
durement refusé sa porte...

FOKIEN.

Eh bien?

FRANTZ, *voyant Torillos qui sort de chez lui.*
Chut! Le voici fort à propos!

SCÈNE XVIII.

LES PRÉCÉDENS, TORILLOS.

TORILLOS, *sortant de chez lui comme un désespéré,*
et sans apercevoir Fokien.

AIR : *Ah ! grand Dieu ! que je l'échappai belle.*

Ah ! grand Dieu ! quel revers déplorable !
Mais, dites-moi donc, enfin, dites-moi si le diable
Aurait pu, sous son air misérable,
Prévoir ce matin
Que c'était un grand mandarin ?
Tout le monde me quitte, j'enrage !
Maîtres et valets, tous vont bientôt plier bagage ;
Et c'est lui, lui-même, je gage,
Qui, pour se venger,
De chez moi les fait déloger.

(*Il aperçoit Fokien.*)

Ah ! grand Dieu ! quel revers déplorable !

(*A part, et avec une rage concentrée.*)

Mais, dites-moi donc, enfin, dites-moi si le diable
Aurait pu, sous cet air misérable,
Prévoir ce matin
Que c'était un grand mandarin ?

FRANTZ, *riant, et bas à Fokien.*

Bon ! Le voilà persuadé comme les autres que vous
êtes....

FOKIEN.

Je ne suis pas fâché que cette aventure vous venge en
effet de ses railleries.

TORILLOS, *à part.*

Qui sait ? On l'envoie peut-être à Canton, comme cela
arrive quelquefois, pour punir la fraude... Ah !.. où me
cacher ?

FOKIEN.

Eh bien !..... monsieur Torillos, vous le voyez.... Tout le

monde ne vous ressemble pas ; et malgré cet habit... j'ai reçu chez votre voisin un accueil plus gracieux que le vôtre.

TORILLOS, *se jetant à ses pieds.*

Ah seigneur ! pardon ! pardon ! Je suis prêt à expier ma faute.

FOKIEN, *riant.*

Relevez-vous donc, monsieur Torillos !.. Vous, à genoux !.. devant un homme comme moi !.

TORILLOS.

Je vous jure que si j'avais su.....

FOKIEN.

Le beau mérite ! si vous aviez su ce que je suis.

AIR : *Eh ! ma mère.*

A mes yeux ce fleuve entraîne
Un homme qui va périr ;
Est-il besoin que j'apprenne
Son nom pour le secourir ?
Il est perdu si j'hésite,
Sous les flots il disparaît....
Je le sauve tout de suite ,
Que m'importe ce qu'il est ? (*bis.*)

TORILLOS.

Je profiterai de la leçon... Et à l'avenir...

FOKIEN.

J'en doute, à vous dire vrai, car monsieur Torillos m'a bien l'air d'un maître fripon.

TORILLOS, *à part.*

Ah mon dieu ! Est-ce qu'on lui aurait déjà parlé de moi ? (*Bas à Frantz.*) Voisin, mon cher voisin, tâchez donc de faire ma paix avec lui.

FOKIEN, *à Torillos.*

On dit que non content d'un honnête salaire, vous mettez encore les voyageurs à contribution.

TORILLOS.

(*Bas.*) Comme tous mes confrères... (*Haut.*) Ah ! seigneur, quelle médisance ! Venez chez moi, il ne vous en coûtera pas une obole; faites-moi seulement l'honneur de venir chez moi.

FRANTZ.

Non, non.... (*A Fokien, très-haut et avec intention.*) Il faut que je m'occupe des apprêts de votre départ.

TORILLOS.

(*A part.*) De son départ !.. (*Bas à Frantz.*) Dites donc, voisin, est-ce qu'il veut partir ?

FRANTZ.

Oui, aujourd'hui même, pour l'île Formose... Et il faut que je trouve une embarcation toute prête.

TORILLOS.

Comment ? Pourquoi iriez-vous chercher si loin ? N'ai-je pas ma chaloupe ?.. un pilote ?.. des matelots à mes ordres ? Vous le savez, monsieur Frantz, c'est la plus belle, la plus sûre, la meilleure qu'il y ait sur le port.

FRANTZ.

Oh ! bien oui ; mais jamais il ne voudra accepter de votre part...

TORILLOS.

Ne lui dites pas que c'est de moi, faites comme si cela venait de vous... Arrangez cela pour le mieux.

FRANTZ.

En ce cas, allez bien vîte faire tout préparer.

TORILLOS, *enchanté.*

Oui, oui... Des provisions... Mon meilleur vin, tout ce qui pourra lui être commode et agréable pour le passage... Ah ! quel service vous me rendez, mon cher Frantz !... (*A part et s'en allant.*) Ouf !.. Je voudrais qu'il fût déjà parti.

(*Il s'en va vers le port.*)

SCENE XIX.

FOKIEN, FRANTZ.

FRANTZ, *riant.*

Eh bien, que vous ai-je dit ?.. J'en étais sûr ! Vous allez naviguer sous le pavillon de la fortune.

FOKIEN.

Croyez-vous que notre départ soit prompt ?

FRANTZ.

Oh ! vous lui avez fait une peur !.. une peur ! Il voudrait déjà vous voir à cent lieues.

FOKIEN.

Je vais donc prévenir ma fille, et nous nous échapperons avant l'arrivée de ses deux prétendans. (*Il va à la porte de Frantz et appelle.*) Ning-Hia !

SCÈNE XX.

LES MÊMES, NING-HIA.

NING-HIA, *sortant.*

Mon père ?

FOKIEN.

AIR : *Prenez, mam'selle, prenez donc.* (*Des Innocens.*)

Ma fille, le destin le veut,
Partons.... Sous un ciel plus propice
Allons oublier, s'il se peut,
Les hommes et leur injustice.

(*A Frantz, en l'embrassant.*)

Pourtant, en me séparant d'eux,
Qu'à jamais l'amitié nous lie !
Bon Frantz ! nous étions nés tous deux
Pour avoir la même patrie.

NING-HIA.

Ainsi qu'on distingue les fleurs
Aux doux parfums qu'elles répandent,
Il est donc vrai que les bons cœurs
Partout se comprennent, s'entendent.
Mon père, j'ai souvent gémi
Du sort qui tourmente ta vie,
Mais lorsqu'on y laisse un ami ....

(*En montrant Frantz.*)

Peut-on oublier sa patrie.

(A la fin de ce couplet, on voit Torillos dans le fond qui indique à des matelots la personne à laquelle ils doivent s'adresser ; les matelots aussitôt s'avancent vers Fokien.)

SCENE XXI.

LES PRÉCÉDENS, CHŒURS de matelots chinois.

LES MATELOTS.

AIR : *Mais enfin après l'orage.*

Le ciel pur et sans nuage
Promet un trajet charmant.
Venez, seigneur, tout l'équipage
Est là-bas qui vous attend.

FOKIEN, *riant.*

Ma foi ! plus de chagrin !
Laissons-le sur le rivage,
C'est un trop beau destin
Que d'être mandarin !

CHŒURS.

Le ciel pur et sans nuage, etc.....

FRANTZ, *à Fokien.*

AIR : *Contre lui j'ai sentence.*

Adieu donc, bon voyage !
Courage !
Vous serez heureux.

FOKIEN.

Après tant de naufrages,
D'orages,
Espérons tous deux.

TOUS.

Allons, allons, profitons des instans,
Nous aurons ⎫
Vous aurez ⎭ le beau temps.

NING-HIA, *à son père, et en donnant la main à Frantz en signe d'amitié.*

Quelque jour, je l'espère,
Mon père,
Nous le reverrons.

FRANTZ.

Quelque jour, je l'espère,
Ma chère,
Nous nous rejoindrons.

TOUS.

Allons, allons, ⎧ profitons ⎫ des instans,
　　　　　　　⎩ profitez ⎭
Nous aurons ⎫
Vous aurez ⎭ le beau temps.

(*Fokien et Ning-Hia partent avec les matelots par le fond du théâtre, à gauche.*)

FRANTZ, *regardant vers l'auberge de Torillos.*

Oh ! vraiment, ils ont bien fait de partir, car j'aperçois déjà un de mes hôtes qui vient sans doute prendre possession de son nouveau logement.

SCÈNE XXII.

FRANTZ, TCHITT-CHITT-CHAO et sa suite.
(Marche de la caravane.)

(*On voit sortir de la grande porte de l'auberge de Torillos Tchitt-Chitt-Chao avec tout le cortége qu'on lui a vu dans sa première entrée. Le vieux Chinois est à pied, soutenu par deux esclaves ; un nègre tient le parasol au-dessus de sa tête. Le dromadaire est derrière lui. Le cortége défile et se range le long de l'auberge de Frantz.*)

FRANTZ, *à Tchitt-Chitt-Chao.*

Seigneur, soyez le bien venu !

TCHITT-CHITT-CHAO.

Mon ami, j'arrive tambour battant ; regarde, j'espère que voilà un entourage qui me fera honneur aux yeux de la belle Ning-Hia.

FRANTZ, *riant.*

Oui, si elle pouvait vous voir.

TCHITT-CHITT-CHAO.

Elle n'est pas à sa fenêtre ?

FRANTZ.

Non, non ; elle est même très-loin de la fenêtre.

TCHITT-CHITT-CHAO.

A propos, je te préviens que ce vieux Nankinois, le seigneur Tang-Out-Sung, se dispose à venir aussi demeurer chez toi.

FRANTZ.

Je le sais.

TCHITT-CHITT-CHAO.

Oui, mais j'ai parlé le premier... Songe à me donner le
le local convenu.

FRANTZ.

Du haut en bas, seigneur, tout est à votre service.

TCHITT-CHITT-CHAO.

Voici mon rival... Il vante tant son opulence... Je veux
voir si son train est aussi brillant que le mien.

SCENE XXIII.

LES PRÉCÉDENS, TANG-OUT-SUNG *et sa suite.*

*(Tang-Out-Sung sort de l'auberge de Torillos ; il est
précédé d'un groupe d'esclaves chinoises qui forment
devant lui des danses grotesques. Le vieux Chinois est
porté dans un riche palanquin. Des valets agitent des
évantails autour de lui. D'autres valets conduisent à sa
suite un chameau richement chargé.)*

TANG-OUT-SUNG, *à ses gens qui l'éventent.*

AIR : *Petits blancs bien doux.*

> Petit vent bien doux,
>   Entendez-vous ?
> Et rafraîchissez mon visage....
>   Faites le tour, (*bis.*)
> Et montrez-moi dans tout mon jour ; (*bis.*)
> Qu'on admire mon équipage. (*bis.*)
>   Balancez-moi,
>   Eventez-moi,
> Et rafraîchissez mon visage. (*trois fois.*)

*(Le palanquin s'arrête au côté opposé à celui de
Tchitt-Chitt-Chao. Les deux cortéges sont placés l'un*

à droite, l'autre à gauche, de manière à laisser voir tout le fond du théâtre.)

TANG-OUT-SUNG, *dans le palanquin.*

Seigneur Tchitt-Chitt-Chao, vous ne vous attendiez pas à cela, je parie? Vous voyez qu'en route je puis au moins changer de voiture. Quand je suis las d'être à cheval sur mon chameau, je marche les jambes croisées en palanquin..... En pourrez – vous offrir autant à la belle Ning–Hia?

TCHITT-CHITT-CHAO, *piqué.*

Je puis déployer à ses yeux un luxe aussi asiatique que le vôtre.

TANG-OUT-SUNG.

Nous verrons qui y regardera de plus près pour la dépense.

TCHITT-CHITT-CHAO.

Ce n'est pas moi.

TANG-OUT-SUNG.

Ni moi !

SCÈNE XXIV.

LES PRÉCÉDENS, **TORILLOS**, *accourant du fond.*

TORILLOS, *avec joie.*

Ah ! grâce au ciel !... ils sont partis !

TANG-OUT-SUNG.

Partis ! Qui ? qui ?

TCHITT-CHITT-CHAO.

Qui donc partis ?

TORILLOS.

Eh! parbleu, le mandarin avec sa fille.

TANG-OUT-SUNG.

Le mandarin!

TCHITT-CHITT-CHAO.

Sa fille!

TOUS DEUX.

Ning-Hia!

TORILLOS.

Oui, et j'en suis sûr, car je n'ai pas quitté le rivage avant de les avoir vu gagner au large.

TANG-OUT-SUNG, *sortant précipitamment de son palanquin.*

Que signifie?...

TCHITT-CHITT-CHAO, *s'avançant tout à coup.*

Que veut dire?...

TORILLOS.

Si vous ne voulez pas me croire, tenez, jetez les yeux du côté du port, vous allez voir passer la chaloupe qui les conduit à l'île Formose.

LES DEUX CHINOIS.

A l'île Formose!... (*Ils se retournent pour regarder.*)

SCENE XXV.

LES MÊMES, FOKIEN et NING-HIA, *sur la chaloupe.*

(En ce moment on voit une jolie chaloupe chinoise, pavoisée, qui passe sur la rivière. Les matelots rament, Ning-Hia est assise, Fokien est sur le tillac.)

FOKIEN, *de loin.*

AIR : *Eh ! vogue la galère.*

Honneur ! grandeur !... chimère !
Vous pouvez tout briguer ;
Moi, dans un coin de terre
Je vais me reléguer.
Eh ! vogue la galère,
Tant qu'elle, tant qu'elle, tant qu'elle....
Eh ! vogue la galère,
Tant qu'elle pourra voguer.

(Au même instant on hisse les voiles de la chaloupe, qui disparait.)

FOKIEN, *criant dans un porte-voix.*

Adieu, seigneur Tchitt-Chitt-Chao.

TANG-OUT-SUNG, *à Tchitt-Chitt-Chao.*

C'est lui !... c'est que c'est bien lui !

TCHITT-CHITT-CHAO.

J'ai bien entendu.... il ne fallait pas de porte-voix pour cela.... ah !... où faut-il se pendre ?

SCENE XXVI et dernière.

TCHITT-CHITT-CHAO, TANG-OUT-SUNG, FRANTZ.

TANG-OUT-SUNG, *à Tchitt-Chitt-Chao.*

Vous voilà tout consterné !

TCHITT-CHITT-CHAO.

Et vous ? Que dites-vous de ceci ?

TANG-OUT-SUNG.

Moi, je vous dirai comme tantôt : je dis... que je ne dis rien tant je suis abasourdi.... Nous avons fait tous deux le pied de grue auprès de cet homme-là, et nous voilà tous deux avec un pied de nez.

AIR : *Je loge au quatrième étage.*

Chacun de nous se faisait fête
De former un brillant hymen ;
Poursuivant la même conquête,
Nous avons le même destin.
Le mandarin, trompeur insigne,
Nous a fait ici des fagots,
Et sa fille, encore plus maligne, } *bis.*
Nous traite comme des magots.

TCHITT-CHITT-CHAO.

Magots !....

Quoi ! vous pensez que l'on me joue
Parce que j'étais amoureux ;
Je suis surpris, je vous l'avoue,
Que l'on se moque de mes feux.
Moi, je n'y vois point de folies,
Et je pourrais, à ce propos,
Citer bien des femmes jolies } *bis.*
Qui n'ont aimé que des magots.

FRANTZ.

Tenez, seigneur, le mandarin.... qui n'en n'est pas un, était trop honnête homme pour vous tromper. Il a fait le contraire de ce que l'on fait dans bien des pays.

TCHITT-CHITT-CHAO.

Et que fait-on, dans bien des pays ?

FRANTZ.

Ce qu'on fait :

Vieux richard, à fille gentille
Offre sa main et ses écus ;
On les accepte, et la famille
Fête, caresse le Crésus.
Dans son humeur triste et jalouse,
Il croit plaire encor.... pauvre sot !
Ce n'est pas lui que l'on épouse, } *bis.*
On n'épouse que le magot.

TANG-OUT-SUNG.

D'après cela, je crois que je ferais bien d'aller revoir Nankin.

TCHITT-CHITT-CHAO.

Et moi, Pékin.

TANG-OUT-SUNG, *au Public.*

Messieurs, depuis longues années
On dit que vous aimez à voir
Des magots sur vos cheminées,
Qu'un geste, un rien, les fait mouvoir.

TCHITT—CHITT—CHAO.

Ici de même, pour vous plaire,
Nous ne prendrons point de repos.

LES DEUX CHINOIS, *ensemble et branlant la tête.*

D'un coup de main vous pouvez faire
Mouvoir à la fois deux magots.

TOUS.

D'un coup de main vous pouvez faire
Mouvoir à la fois deux magots.

FIN.